RECTIFICATION HISTORIQUE

SUR

LES ATELIERS NATIONAUX

PAR

LÉON LALANNE.

MEMBRE DE L'INSTITUT

INSPECTEUR GÉNÉRAL DES PONTS ET CHAUSSÉES EN RETRAITE

SÉNATEUR

PARIS

IMPRIMERIE G. PARISET

101, RUE DE RICHELIEU, 101

1887

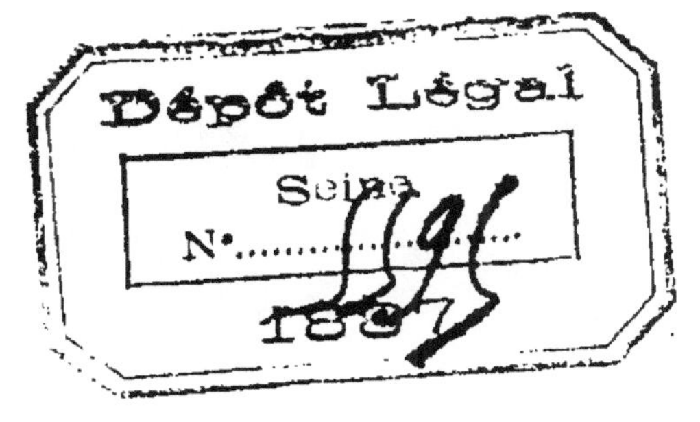

RECTIFICATION HISTORIQUE

sur

LES ATELIERS NATIONAUX

RECTIFICATION HISTORIQUE

SUR

LES ATELIERS NATIONAUX

PAR

LÉON LALANNE

MEMBRE DE L'INSTITUT

INSPECTEUR GÉNÉRAL DES PONTS ET CHAUSSÉES EN RETRAITE

SÉNATEUR

PARIS

IMPRIMERIE C. PARISET

101, RUE DE RICHELIEU, 101

1887

PRÉAMBULE

L'histoire vraie des Ateliers nationaux de 1848 n'a jamais été faite. Elle ne pourrait l'être que par un auteur qui, s'appuyant exclusivement sur des pièces officielles ou revêtues d'un caractère d'authenticité ne laissant aucune place au doute, en ferait l'analyse critique avec une complète impartialité, dût-il en résulter quelque mécompte pour des opinions fondées sur un parti pris. Il paraît que cette condition est plus difficile à réaliser qu'on ne pourrait le croire. La publication qui a donné lieu à la réclamation insérée au journal le TEMPS *en fournit une preuve frappante. L'auteur de l'*HISTOIRE DE LA SECONDE RÉPUBLIQUE FRANÇAISE, *M. de la Gorce, ayant entre les mains un document important, où parmi des pièces et des assertions d'une valeur contestable, figure un Rapport adressé par un véritable tribunal magistral à une commission de l'Assemblée nationale, fait abstraction complète d'un passage* *caractéristique de ce Rapport où se trouve démenti nettement par avance, son jugement sur ma gestion de Directeur des Ateliers nationaux.*

Le lecteur, je l'espère, comprendra ma légitime revendication et rendra justice à la modération des termes dans lesquels je l'ai formulée.

LÉON LALANNE.

7 octobre 1887.

RECTIFICATION HISTORIQUE

LES ATELIERS NATIONAUX

Lettre à M. le Directeur du Journal « LE TEMPS »

Paris, le 31 mai 1887.

Mon cher Directeur,

Il y a déjà quelques mois que M. Pierre de la Gorce a publié sous le titre de : *Histoire de la seconde République française*, une œuvre remarquable, dont notre éminent collègue, M. Jules Simon, a rendu compte dans le *Journal des Débats* du mardi 15 mars dernier. « Je ne sais pas, dit-il, si c'est l'intérêt du sujet ou le talent de l'auteur, mais j'ai lu ce livre tout d'une traite... L'auteur est un homme de bon sens qui s'est renseigné aux meilleures sources... son impartialité est frappante... » L'importance que donnent à un pareil jugement le nom et l'autorité de mon illustre confrère et col-

lègue ne me permet pas, tout en y acquiesçant
d'une manière générale, d'en parler sans formuler
quelques réserves. Or, il faut bien que j'en parle,
puisque M. de la Gorce m'a fait l'honneur de me
nommer et de s'occuper des actes auxquels j'ai
été mêlé, à cette époque troublée par nos luttes
intestines, et encore peu connue, j'ai le droit de
le dire, au moins en ce qui me concerne. Si petite
que soit la part qu'un homme ait prise aux événements qui sont du domaine de l'histoire, on ne
doit guère être surpris de le voir réclamer contre
tout ce qui peut amoindrir et surtout défigurer le
caractère de son action personnelle. Ce sentiment
paraîtra, je l'espère, excusable, surtout de la part
de celui auquel son âge ne laissera probablement
pas beaucoup de temps pour faire entendre sa
voix. M. Jules Simon n'y a rien objecté, et vous,
mon cher directeur, vous avez bien voulu me pro-
mettre l'hospitalité de votre journal. Ne voulant
pas en abuser, je serai aussi bref que possible.
Cependant il est nécessaire de rappeler l'origine de
ces événements déjà presque oubliés.

C'est le 26 février 1848 que fut décrétée la for-
mation d'*ateliers* nationaux destinés à donner du
travail ou au moins des salaires à tous les ou-
vriers que la crise trouvait inoccupés. La direction
du bureau central pour l'organisation des ateliers
nationaux du département de la Seine fut confiée
à M. Emile Thomas, nommé à cet effet commis-
saire de la République, par décret en date du 10

mars. Le nombre des *embrigadés* était de 14,000 dans la soirée du 15 mars, et ce nombre augmentait tous les jours. Il s'élevait à plus de 115,000 avant la fin du mois de mai.

Les inconvénients graves résultant de cet état de choses, les abus auxquels il donnait lieu et particulièrement les charges sans compensation qu'il imposait à l'Etat ne tardèrent pas à être signalés. Le gouvernement provisoire s'en émut et, par arrêté en date du 17 mai, Trélat, ministre des travaux publics, institua près son ministère, sous le titre de *Commission des ateliers nationaux*, une commission composée d'administrateurs, d'ingénieurs et d'industriels. Convoquée immédiatement, la commission se réunissait le 18, approuvait le 19 le rapport rédigé par son secrétaire sur le résultat de ses délibérations et soumettait ce rapport, le jour même, au ministre qui le lui avait demandé. Cette pièce, sortie des presses de l'Imprimerie nationale, ne fut pas distribuée à l'Assemblée. Le gouvernement provisoire s'effraya de l'expression, un peu hardie, peut-être, des vœux formulés pour remédier aux maux de la situation. Ces vœux, cependant, n'étaient dictés que par un amour sincère pour la classe laborieuse, par une sympathie profonde pour ses souffrances; ils étaient émis, à l'unanimité, par une réunion d'hommes expérimentés et rompus à la pratique des travaux : MM. Mary, inspecteur général des ponts et chaussées; Reynaud, le célèbre directeur des phares;

Flachat, Faure, Grouvelle, Polonceau, ingénieurs civils d'une rare distinction et nullement suspects d'esprit révolutionnaire.

La destruction du document n'en fut pas moins ordonnée. Quelques exemplaires à peine ont échappé au pilon auquel a été livré le tirage. Trente-six ans plus tard, contraste piquant! le secrétaire rapporteur de la commission, devenu sénateur par le choix du Sénat lui-même, a pu citer textuellement à la tribune, lors des débats sur les syndicats professionnels, avec une approbation marquée même au centre et à la droite, les passages dont le gouvernement issu de la Révolution de 1848 n'avait pas osé prendre la responsabilité vis-à-vis de l'Assemblée sincèrement républicaine de 1848. (*Débats parlementaires du Sénat, séance du 17 janvier 1884.*)

Après quelques jours d'hésitation, le ministre Trélat demanda et obtint la démission de M. Emile Thomas. Le lendemain (27 mai), l'auteur de ces lignes fut installé au nom du ministre au bureau central des ateliers nationaux, au parc Monceau, en qualité de directeur, remplaçant M. Emile Thomas. La terrible insurrection de Juin mit fin à sa mission un mois plus tard. Celle de M. E. Thomas en avait duré près de trois.

M. de la Gorce a exprimé, dans deux passages de son livre, l'opinion que lui a inspirée la comparaison des deux gestions. « Du moins la nouvelle direction, dit-il, créée dans des conditions si étranges, faciliterait-elle cette dissolution progressive réclamée par tous les gens de bien ? La suite de ce récit l'apprendra. » (T. 1, p. 288.) Et plus loin : « Un nouveau directeur, M. Lalanne, fut, ainsi qu'on l'a dit, installé à Monceau. *A cela près, l'institution subsista tout entière, avec ses abus et avec ses dangers.»* (*Ibid.*, p. 312.)

C'est de ce jugement sommaire, qui met les deux gestions au même niveau, que je viens interjeter appel, au nom de la vérité historique étrangement méconnue.

Ce n'est pas à moi que revient le soin de ma défense. Je me réfère simplement à un verdict émané de juges d'une haute autorité et complètement désintéressés dans la question qui leur était soumise; je le cite textuellement, avec les titres qui en indiquent l'origine, le but et la provenance.

ASSEMBLÉE NATIONALE

Rapport de la commission d'enquête sur l'insurrection qui a éclaté dans la journée du 23 juin et sur les événements du 15 mai.

. . . .

. . . .

Commission de trois membres de la cour des comptes délégués par la commission d'enquête pour l'examen de la comptabilité des ateliers nationaux.

*Rapport à Messieurs les Membres de la commission
d'enquête*

.   .   .   .

.   .   .   .

« En terminant ce rapport, nous croirions manquer à l'équité si nous ne faisions la part de responsabilité qui revient à chacun des deux directeurs des ateliers nationaux, et aussi la part des circonstances, souvent plus forte que la volonté des hommes.

» M. Emile Thomas a pris la direction du bureau central presque au lendemain d'une révolution. Les ateliers nationaux étaient une institution toute nouvelle, pour laquelle il n'y avait pas de précédents. Ces deux circonstances peuvent faire excuser, jusqu'à un certain point, les torts de son administration et les désordres de sa comptabilité.

» Quant à son successeur, M. Lalanne, un grand nombre des critiques exprimées dans notre rapport ne peuvent s'adresser à sa gestion. Nommé le 29 mai, après environ trois mois d'une organisation dont les dangers s'aggravaient tous les jours, M. Lalanne ne saurait être rendu responsable d'un état de choses qu'il n'avait pas créé et qu'il venait détruire. La correspondance, les arrêtés, les ordres du jour démontrent clairement qu'il se proposait de changer les bases de l'organisation. Déjà il avait dissous le club central. Il avait remanié les bureaux de la direction et supprimé plusieurs services complètement inutiles. Il s'était occupé activement de simplifier les rouages et de déterminer partout les attributions. Il avait pris des mesures d'ordre pour les dépenses centrales, notamment pour amener la réduction et par suite la suppression complète des dépenses de chevaux et voitures, dépenses notoirement abusives. Afin de régulariser le payement des salaires, M. Lalanne voulait substituer à la paye quotidienne la paye hebdomadaire, sur des rôles dressés et certifiés d'avance par les différents chefs de corps. Il exigeait la rentrée des rôles émargés dans les quarante-huit heures.

» Pour donner à l'action administrative une impulsion plus ferme et plus suivie, il instituait, entre les chefs d'arrondissement et le bureau central, des inspecteurs généraux chargés d'un contrôle supérieur sur tous les services. Pour fortifier la direction et pour simplifier la marche de la comptabilité, il augmentait le nombre des hommes par brigade, il mettait tous les grades au choix de l'administration et il diminuait, comme nous l'avons déjà dit, les prérogatives attribuées aux délégués. Tout cet ensemble de mesures soutenues avec énergie manifestait un esprit d'ordre et d'excellentes intentions.

» M. Lalanne, en se chargeant du recensement, s'était chargé de guérir des plaies incurables. Son administration a été un acte de dévouement. Quand il a accepté sa mission, il savait les dangers qui le menaçaient. Sa vie était en péril, il n'a

pas hésité devant l'accomplissement d'un devoir
Malheureusement, ni la fermeté ni l'intelligence
ne pouvaient plus triompher des difficultés de la
situation.

» Fait au palais de l'Assemblée nationale, par les
membres de la commission déléguée.

» Signé :   DE LATENA (président),   GRANDET,
PETITJEAN (secrétaire-rapporteur). »

Comment un pareil document a-t-il pu échapper
à un historien qui aspire à un renom d'impartialité? L'oubli paraît d'autant plus inexplicable que
le passage qui vient d'être cité occupe les pages
152 et 153 du deuxième volume du *Rapport de la
commission d'enquête*, dont l'auteur a fait un fréquent
usage. Il se réfère notamment à la page 156 de ce
rapport, page qui ne semble pourtant pas trop
éloignée de la page 153.

Un mot seulement sur les signataires du verdict :
M. de Latena était conseiller maître à la cour des
comptes; MM. Grandet et Petitjean, conseillers
référendaires. Ce dernier a terminé sa belle carrière
en qualité de procureur général. Je leur étais complètement inconnu lorsque, sur ma demande, je
fus admis à leur donner des explications et à leur
remettre les pièces qui étaient restées en ma pos-
session. Ces dignes magistrats savaient qu'ils
n'avaient pas devant eux un ami politique ; ils ont

voulu, néanmoins, rester étrangers aux passions qui s'agitaient alors avec tant de violence et qui ne m'avaient guère épargné. On comprendra que ma reconnaissance soit ravivée, à près de quarante ans d'intervalle, par la circonstance même qui m'amène à invoquer leur témoignage.

Agréez, mon cher Directeur, avec mes remerciements, l'expression de mes sentiments tout dévoués et affectueux.

LÉON LALANNE,
Sénateur, Membre de l'Institut, Inspecteur général des ponts et chaussées en retraite.

(Extrait du journal *le Temps*, numéro du 6 octobre 1887).

Paris. — Imp. C. Pariset, 101, rue de Richelieu. — N° 76

41